一看就懂 一玩就乐
快乐互动 幸福养育

真正的养育在家庭
自然游戏

张先勇◎编著　露露公园◎绘

石油工业出版社

图书在版编目（CIP）数据

真正的养育在家庭. 自然游戏 / 张先勇编著；露露公园绘. -- 北京：石油工业出版社，2023.7
ISBN 978-7-5183-6037-6

Ⅰ.①真… Ⅱ.①张… ②露… Ⅲ.①游戏—儿童教育-家庭教育 Ⅳ.①G781

中国国家版本馆CIP数据核字(2023)第099898号

选题策划：曹秋梅
责任编辑：曹秋梅
封面绘图：姬炤华工作室

出版发行：石油工业出版社
　　　　　（北京市朝阳区安华里二区1号楼　100011）
网　　址：www.petropub.com
编 辑 部：（010）64523559
团 购 部：（010）64523649
经　　销：全国新华书店
印　　刷：北京中石油彩色印刷有限责任公司

2023年7月第1版　2023年7月第1次印刷
880×1230毫米　开本：1/32　印张：2.25
字　　数：35千字
定　　价：29.80元
（如发现印装质量问题，我社图书营销中心负责调换）
版权所有，翻印必究

和孩子一起游戏吧!

成长可以很快乐,养育也可以很快乐,秘诀就是加入孩子的世界,和孩子一起游戏,一起长大!

游戏是孩子的一种语言,无论多大的孩子都喜欢游戏,这是由孩子的心理特点决定的。如果你也掌握了这种语言,你会发现一种更轻松、更有效的养育方式。可以说,游戏是亲子关系的润滑剂,它满足了孩子对父母的依恋、对亲密关系的需求,让孩子的情绪更加健康。

不仅如此,游戏对于孩子的生理发展、认知发展和社会性发展都具有重要的价值。孩子活泼好动,喜欢跳跃奔跑、四处钻爬,而各种身体运动类游戏可以尽情释放其好动的天性,达到锻炼身体、增强体质的目的;孩子对周围的世界充满了好奇,游戏可以满足他们探索世界的愿望,促进创造性思维的发展,提高解决问题的能力;孩子的成长也是一个不断社会化的过程,他们需要学习与人交往的方式,而游戏为孩子提供了社会实践活动的机会,促进了性别的社会化、情感的社会化和道德的社会化。

近年来，游戏的价值越来越受到人们的重视。我国教育部颁布的《幼儿园教育指导纲要》也明确指出，幼儿教育应当以游戏为基本活动。在幼儿园里，游戏已被纳入有目的、有计划的教育活动。在家庭中，游戏式养育也逐渐被广大家长接受和认可。

为了让家庭养育中的游戏更丰富、更有趣，我们特别编写了这套"真正的养育在家庭"丛书，共5册，分别为《真正的养育在家庭 体能游戏》《真正的养育在家庭 感统游戏》《真正的养育在家庭 蒙氏游戏》《真正的养育在家庭 自然游戏》和《真正的养育在家庭 科学游戏》。我们将游戏按教育体系或教学领域进行分类，融科学性与趣味性于一体。

这套"真正的养育在家庭"丛书，完全从家庭应用场景出发，游戏角色以亲子为主，游戏材料在家庭中随处可见，游戏玩法简易有趣，为大家提供了一套游戏式养育的实用方法。

年轻的爸爸妈妈们，让我们全身心地和孩子一起游戏吧！

编者

2023年6月

让孩子在自然中快乐成长

人类本是自然之子，孩子的成长需要自然的滋养。经常生活在自然中的孩子更具想象力，因为他们能从中感受到自然带来的无穷魅力；经常生活在自然中的孩子更具探究的能力，因为自然的多样性总能激发孩子的探索兴趣；经常生活在自然中的孩子心态更乐观，因为大自然能开阔人的视野、缓解人的压力。

但是生活在钢筋水泥房子里的城市孩子，仍然被手机捆绑着，沉迷于网络游戏不能自拔，孩子与大自然的割裂极大地危害着他们当前乃至未来的发展。我们应当采取更加积极的措施，支持孩子与自然建立亲密的关系，让孩子重回自然，在自然中快乐地成长。

大自然是最好的课堂，也是最好的老师，大自然为我们创造了丰富的体验机会。我们把这些体验创设成自然游戏，大致有自然感知游戏、自然探究游戏、自然种植游戏、自然手工与自然艺术游戏等，我们可以通过各种自然游戏，来创造孩子与自然接触的机会，尊重孩子亲近自然的天性，帮助孩子建立与自然的纽带。

 本书所提供的游戏均为亲子游戏，应由成年人陪伴玩耍，在游戏过程中应注意场地安全与操作安全。

目录 contents

自然感知游戏

- 微观之旅 2
- 倾听树声 3
- 寻找大树 4
- 飞上树梢 5
- 听音辨物 6
- 闻香识草 7
- 自然录音师 8
- 全面扫描 9
- 布袋秘密 10
- 石头剪刀布 11
- 对话自然 12
- 森林宴席 13

- 树叶比拼 19
- 树叶拼图 20
- 四季礼盒 21
- 秋果保鲜 22
- 树叶展览 23
- 树叶色谱 24
- 蜗牛赛跑 25

自然实验游戏

- 植物营养液 27
- 天然香包 28
- 松塔开鳞 29

自然探索游戏

- 寻物游戏 15
- 自造假山 16
- 自制捕捉器 17
- 平衡石头 18

自然种植游戏

- 厨房盆景 31
- 培育种子 32
- 种一棵树 33
- 鞋子花盆 34

・草头娃娃　35

自然手工游戏
・编织鸟巢　37
・泥巴墙　38
・树枝风铃　39
・泥巴馅饼　40
・秋天皇冠　41
・冬夜雪灯　42

・迷你雪屋　43
・植物标本　44
・泥土昆虫　45
・花瓣项链　46
・橡子陀螺　47
・花草印模　48
・脚踏石　49

自然艺术游戏
・树皮拓印　51
・插野花　52
・自然手镯　53
・调制水彩　54
・石头故事　55
・树叶拼贴　56
・种子贺卡　57

・冰冻挂饰　58
・泥土绘画　59
・搭一棵树　60
・园艺礼袋　61
・泥巴面具　62
・仿生小虫　63

自然感知游戏

自然感知游戏主要是通过调动孩子的全身感觉器官,通过视觉、听觉、味觉、嗅觉、触觉去全面感受自然的存在与变化。在感知自然、欣赏自然的过程中,锻炼孩子的注意力、观察力与想象力。

微观之旅

主要目标

培养孩子的观察能力,学会全身心地感知自然。

活动准备

放大镜。

游戏玩法

- 在户外选择一处草地或树林,让孩子在一块约1平方米空间内进行探索,并用放大镜对指定区域仔细观察。
- 让孩子把观察到的事物用图画记录下来,看孩子在这狭小的空间内观察到了些什么,并让孩子谈一谈自己对这种深度观察的感受。

倾听树声

🟠 主要目标

培养孩子感知自然、欣赏自然的能力,锻炼孩子的注意力。

🎲 活动准备

听诊器。

🍊 游戏玩法

- 在户外安静的地方选择一棵足够大的树。
- 让孩子戴上听诊器,把听诊器紧紧地贴在树干上,闭上眼睛,想象树汁在源源不断地把养分从树根传输到树枝。
- 让孩子取下听诊器,躺在地上,再闭上眼睛用心聆听整个树林的声音,数一数能听到几种声音。

寻找大树

🟠 主要目标

锻炼孩子的感知能力，培养孩子热爱自然的情感。

🔷 活动准备

眼罩。

🟠 游戏玩法

- 选择一处有树木的平地，让孩子戴上眼罩，由家长牵着孩子围着几棵树走一圈。家长选择其中一棵树，让孩子充分运用触觉、嗅觉和听觉感受这棵树的特质。
- 家长把孩子带离这棵树，取下眼罩，让孩子凭着自己的感知记忆去找到这棵树。

飞上树梢

🎈 主要目标

锻炼孩子的想象能力,提高注意力与内在的感知力。

🎲 活动准备

轻音乐。

🍊 游戏玩法

- 选择一处安静的有树木的空地,打开轻音乐,家长和孩子一同盘腿而坐,双手自然放于膝上,闭上眼睛,自然呼吸。
- 让孩子想象自己是一只飞鸟,在空中自由地飞翔。
- 每次练习 2~3 分钟,尽量让自己安定下来。

听音辨物

🎈 **主要目标**

让孩子更加亲近自然,锻炼孩子的听觉注意力。

🔷 **活动准备**

材质和大小一样的瓶子5个,眼罩。

🍊 **游戏玩法**

- 在秋天的假日里,家长和孩子一起到户外去收集5种不同植物的种子。
- 把5种种子分别装进5个瓶子里,分别摇晃,听听它们发出的声音。
- 戴上眼罩,再次分别摇晃瓶子,辨别瓶子里装的是什么种子。

闻香识草

🎈 主要目标

认识各种草本的独特气味，训练孩子的嗅觉灵敏性。

🎲 活动准备

眼罩，5种不同元素植物的叶子。

🍊 游戏玩法

- 家长采集5种不同植物的叶子在背面写上序号，让孩子戴上眼罩，将叶子分别按背面的序号交给孩子去揉一揉、闻一闻。
- 让孩子摘下眼罩，再次闻叶子的气味，将叶子按刚才的顺序摆好。（活动前必须确定对植物无过敏反应！）

自然录音师

🎈 主要目标

引领孩子亲近自然，认识大自然的声音，培养孩子的观察能力。

🧊 活动准备

录音笔（可用手机代替）。

🍊 游戏玩法

- 选择一处安静的户外环境，让孩子用录音笔去录制各种各样的自然物发出的声音，录制的种类越多越好。
- 可以人为地利用自然物来创造声音，比如，用手划水的声音、向水中投石的声音、敲击石头的声音、摇动树枝的声音……
- 将录制好的声音带回家与家庭成员分享。

🍊 主要目标

练习用不同的感官去感知自然，培养孩子的观察能力。

🎲 活动准备

任务清单1份。纸、笔。

```
任务清单
20 分钟内寻找
4 种不同的形状
5 种不同的颜色
3 种不同的质地
7 种不同的声音
2 种不同的气味
```

🍊 游戏玩法

- 家长和孩子共同设计一张任务清单，要求在20分钟内完成，如寻找4种不同的形状、5种不同的颜色、3种不同的质地、7种不同的声音和2种不同的气味等。
- 一起寻找，并在纸上记录下地点、物品及特征。
- 鼓励孩子进行更多的观察、体验并记录下来。

布袋秘密

主要目标

调动孩子的触觉,发展孩子的自然感知能力。

活动准备

小布袋,小篮子。

游戏玩法

- 家长和孩子一起去户外采集自然材料,如小石子、松塔、坚果等,每种2个。
- 把两个物体中的一个放入小布袋,另一个放在小篮子里。
- 让孩子用手摸布袋里的材料,然后在篮子里找出相应的物体。

石头剪刀布

🎈 主要目标

增强孩子的触觉能力，增进亲子间的情感。

🎲 活动准备

石头若干，树枝若干，树叶若干。

🍊 游戏玩法

- 家长和孩子去户外采集一些自然物：石头、树枝和树叶。（家长检查好这些物品的安全性，防止伤到手）
- 家长和孩子相对而坐，把自己采集自然物品放在身旁。
- 石头代表石头，树枝代表剪刀，树叶代表布。两人一边喊"石头、剪刀、布"一边从身旁拿出相应的自然物品，赢家把输家的自然物品拿走。
- 比一比，在一段时间内，谁获得的自然物品更多。

对话自然

🍊 主要目标

练习用心去感知自然，培养孩子的想象能力。

🟦 活动准备

坐垫，自然物。

🍊 游戏玩法

- 选择一个自然物，可以是一块岩石、一株植物或一朵黄花，面对它安静而坐。
- 向自然物提出自己想问的问题，自在地与它交流。比如，你多大了？你从哪里来？在这里生活，你感觉如何？在你的生命中，你经历过什么？你有什么特别的事想对我说吗？
- 如果面对的是一只动物，可以把自己想象成那只动物，想象它的生活经历与所思所想。

🎈 主要目标

了解自然的多样性,培养孩子热爱自然、感恩自然的情感。

🎲 活动准备

小盘子,小篮子,小刀。

🍅 游戏玩法

- 去户外采集各种野菜。家长做好辨别野菜是否有毒,采摘安全无毒的野菜。
- 把采集好的野菜清理干净,用小刀切好,合理搭配成10道不同的菜。
- 把做好的菜盛在盘子里,摆放在地上。(注意,以游戏为目的,不食用野菜)
- 让孩子谈谈自己的感受。

自然探索游戏

大自然的奥秘无穷无尽，拥有无限探索的可能。自然探索游戏就是要把孩子们带到大自然中，让他们在与自然互动和对话的过程中，感受大自然的神奇与美丽，理解各种自然事物的特征。

 主要目标

培养孩子的观察能力与解决问题的能力,让孩子养成仔细、有耐心的好习惯。

活动准备

一张和孩子共同制作的清单,夹子,透明盒子,手套。

游戏玩法

- 家长和孩子一起制作一张公园或郊野的寻物清单,并用图文的方式表现出来。比如,3颗圆石子、1朵紫色的花、1根白色的羽毛、2颗松果、1片四叶草、3种种子、1只蚂蚁、1只甲虫等。
- 家长和孩子带着工具去郊野,把清单上的东西都找齐并放到盒子里,就算游戏结束。
- 游戏结束后把蚂蚁和甲虫放生,其他自然物可以作为游戏纪念带回家。

自造假山

🟠 主要目标

培养孩子的动手能力,了解不同植物的习性。

🎲 活动准备

手套,铲子。

🟠 游戏玩法

- 家长和孩子选择一个阳光充足并且有鹅卵石的地方,用一堆鹅卵石摆一座小假山。
- 用堆肥或泥土将鹅卵石的空隙填满。
- 家长和孩子一起选择几种野生植物,有根系丰富的,也有根系单一的。
- 把植物种在鹅卵石的空隙里,过几天再来观察一下,看哪些植物生长得最好,适应环境的能力强。

自制捕捉器

🎈 主要目标

学习制作昆虫捕捉器，了解昆虫的生长环境，观察昆虫的形态特征。

🧊 活动准备

玻璃容器，铲子，厨余垃圾。

🎈 游戏玩法

- 在户外选择一个安静的地方，在地面上挖一个坑，把一个四面平滑的玻璃容器放在坑里，使其形成一个捕捉器。
- 在捕捉器里面放一些厨余垃圾，如腐坏的菜叶、水果等，以引诱昆虫。
- 在捕捉器上方的四周摆四块石头，用木片或瓦片盖住，做成一个简单的屋顶，防止日晒雨淋。
- 每天去观察一次捕捉器里有没有昆虫进入，如果有就取出玻璃容器，对里面的昆虫进行观察。（家长帮助孩子选择安全的地方）

平衡石头

🎈 **主要目标**

练习用不同形状的石头叠高，锻炼孩子的注意力与耐心。

🧊 **活动准备**

小石头，手套。

🍊 **游戏玩法**

- 家长和孩子戴上手套，一起到户外捡一些小石头回来。
- 选择一个平坦的地方，把捡来的石头叠摞起来，要求每一层最多不超过四块石头，看看能叠摞多高。
- 逐渐增加难度，每一层只摆一块石头，看能叠摞多高。
- 家长和孩子交流一下使石头保持平衡的技巧。

主要目标

锻炼孩子的分类能力、观察能力和反应能力。

活动准备

各种各样的树叶。

游戏玩法

- 家长和孩子到户外去收集各种各样的树叶。
- 各自把收集到的树叶按形状、色彩、大小进行分类。
- 家长和孩子各自拿出一片树叶，按一定的特征进行比拼，赢者把对方的树叶收归自己。比如，最大、最长、最圆、最红，等等。

树叶拼图

🍊 主要目标

锻炼孩子的观察能力,培养孩子的专注力。

🎲 活动准备

剪刀,签字笔。

🍊 游戏玩法

- 从户外采集一批比较大的树叶,用笔分别在树叶上画几条分割线。
- 用剪刀将每片树叶剪成三四片。
- 将剪好的树叶混在一起,再让孩子把树叶拼成原来的形状。

主要目标

培养孩子亲近自然的情感，了解不同季节的主要特点。

活动准备

小纸盒4个。

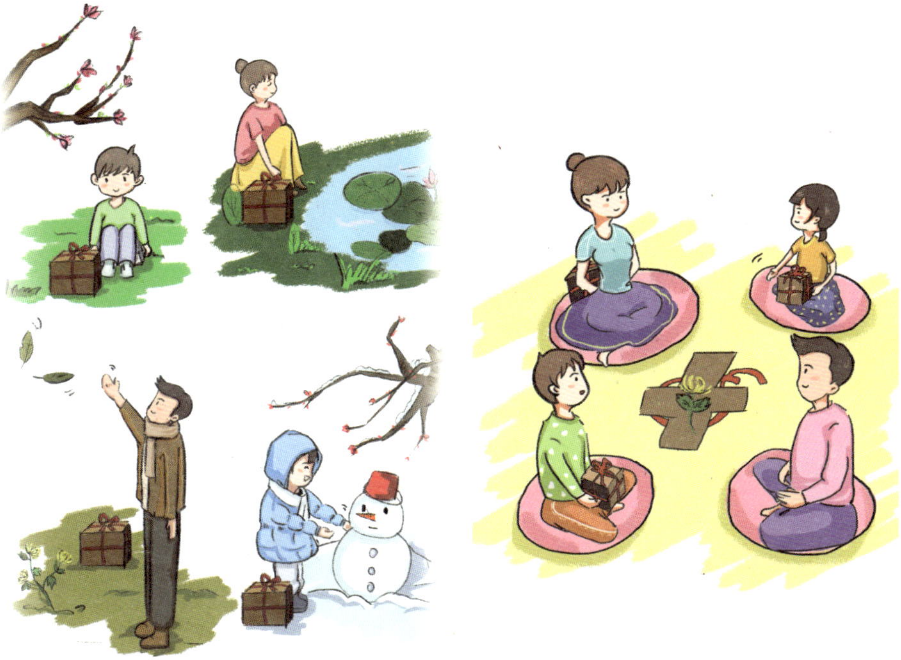

游戏玩法

- 这是一个需要长期积累来完成的活动。
- 在不同的季节，家长和孩子一起选择几种最能代表这个季节的自然物，将它们放进一个纸盒里，用丝带系好。
- 收集完四个季节的自然物后，打开所有的盒子，看一看它们分别是什么，说说每个季节有什么特点。

🎈 主要目标

> 尝试用多种方式为果实保鲜，培养孩子创造性解决问题的能力。

🎲 活动准备

> 树脂，明胶，蜡，盐，玻璃瓶4个。

🍊 游戏玩法

- 家长和孩子去户外采集一些秋天的果实，比如红枣、山楂等，也可以去买些应季的果子。
- 尝试用不同的方式来保存这些果实，比如，将果实表面涂上蜡后密封在瓶子里，将果实分别浸在树脂、明胶和盐水里再密封保存。
- 过几天后再来观察上述4种保存方式的效果，看看哪一种方式的保鲜效果最好。

树叶展览

🍊 主要目标

了解不同树叶的特点，培养孩子亲近自然的情感。

🔷 活动准备

麻绳，夹子，签字笔。

🍊 游戏玩法

- 将麻绳系在两棵间距3米左右的树之间。
- 收集不同的树叶，用笔在每一片树叶上画上画，并为它起一个名字写在标签上，粘在树叶上。
- 用夹子把树叶作品夹在绳子上进行展示。

树叶色谱

🎈 主要目标

感受自然的美丽，培养孩子的自然观察力，锻炼孩子的耐心和毅力。

🧊 活动准备

标准色谱1套，白纸，双面胶。

🍊 游戏玩法

- 家长和孩子在秋季的假日到户外去采集各种不同颜色的树叶。
- 选择一页合适的色谱，按照色谱的排序，把颜色相似的树叶排列在白纸上。
- 用双面胶把排列好的树叶固定在白纸上，这样就制成了一张树叶色谱。

🎈 主要目标

培养孩子的自然观察能力，了解蜗牛的习性。

🎲 活动准备

粉笔，蜗牛。

🍅 游戏玩法

- 在地面上画两个同心圆，内圈线到外圈线约 50 厘米，把 5~6 只蜗牛放在内圈里。
- 家长和孩子拿着新鲜的叶子诱导蜗牛向前爬行。
- 比一比哪只蜗牛爬得最快。

自然实验游戏

实验游戏是孩子们最喜欢的一种活动,因为在实验中,孩子们不但能深刻地理解自然中的各种原理,还能够亲自动手体会神奇的变化,学会用分析、思考、实践、验证的科学方式去解决问题。

🍊 主要目标

学会动手制作有机肥料，理解发酵的原理，养成保护环境的好习惯。

活动准备

草本植物，防护手套，剪刀，大木棒，塑料桶，漏斗。

🍊 游戏玩法

- 到野外寻找一些草本植物，如青草，将最嫩的绿茎和叶子摘下来备用。在这个过程中务必戴上手套，以免被刺伤。
- 把绿茎和叶子用剪刀剪碎，放进塑料桶里，再用大木棒捣碎，从而促进它们的分解。
- 向桶里加3/4的水，封好发酵两周左右，你会发现草汁上面出现了许多泡沫。
- 用漏斗把桶里发酵好的草汁过滤出来作为植物营养液，给其他植物施肥时，可以按1:10的比例进行稀释后使用。

天然香包

🍊 主要目标

尝试自制香包，了解植物香味的种类，培养孩子的好奇心。

🎒 活动准备

纱布，剪刀，针线。

🍊 游戏玩法

- 到户外去收集各种有香味的植物。
- 将材料晒干后，看看哪些还有香味，哪些失去了香味。
- 依据自己的喜好将各种香料组合在一起，用纱布包裹起来缝好，这样一个天然香包就做好了。（做游戏前，确定孩子对所采集植物不过敏）

🟠 主要目标

培养孩子探索自然的兴趣，发展孩子的自然观察能力。

🔶 活动准备

小盘子，小水盆。

🟠 游戏玩法

- 在初秋，家长和孩子从户外采集一批鳞片紧缩的松塔，放入盛满水的盆里浸泡的1小时。
- 将吸收了水分的松塔放在小盘子里晾干。
- 当松塔晾干后，你会发现松塔的鳞片张开了，想一想这是为什么？

自然种植游戏

种好一盆花，栽好一棵树，对于孩子来说，都是一项非常有意义的活动。因为它需要孩子耐心持久地参与，不仅锻炼孩子的观察能力，还能培养孩子的责任感与任务意识。

厨房盆景

🍊 主要目标

了解植物生长的条件,培养孩子照料植物的责任心。

🔺 活动准备

刀、杯子若干,胡萝卜、白萝卜、红薯、土豆、洋葱、水芹、葱等蔬菜。

🍊 游戏玩法

- 用刀将胡萝卜、白萝卜的上半截切下来,放在装有少量水的杯子里。
- 将水芹、葱的底端切下来,放在装有少量水的杯子里。
- 将红薯、土豆、洋葱放在杯子里。
- 将这些杯子放在阳光充足的窗边,经常给它们洒一洒水,观察其生长变化。(此游戏由家长切蔬菜,避免伤到孩子)

培育种子

🍊 主要目标

了解种子培育的过程，培养孩子的观察能力和照料植物的责任心。

🎲 活动准备

蔬菜种子（可以是番茄、辣椒或豆角的种子），纸板盒，喷壶。

🍊 游戏玩法

- 准备一个放鸡蛋的纸板盒，在每个凹槽中填满土壤，把蔬菜种子一颗一颗地放进凹槽中。
- 在纸板盒上面铺上一层薄薄的土，再用喷壶浇湿。
- 盖上盒盖，把它放到温暖的地方，每天观察种子发芽的情况。当有幼芽从土壤中冒出来后，把盒盖打开，放到阳光底下，让幼芽得到充足的光照。

主要目标

体验种植的快乐，培养孩子热爱自然的情感。

活动准备

树苗，铁锹，腐殖土，水桶。

游戏玩法

- 去花卉市场挑选一棵健康的树苗，确保树苗的根系、枝干和叶片不存在病害和损伤。
- 选择一个合适的地点，请家长挖一个和树苗根球高度相等的树坑。树坑尽量大一些，以便树根能顺利伸展。
- 把树苗放入树坑中央，用腐殖土和原来挖出来的土把树坑填上，并用力踩实树根上方的土壤，以防产生大的空气气泡。
- 沿着树坑边缘给树苗浇上水。以后每周浇一次即可。

鞋子花盆

🍊 主要目标

尝试不同的种植方式，变废为宝，激发孩子的创意能力。

🎲 活动准备

旧鞋子，锥子。

🍊 游戏玩法

- 请家长用锥子在旧鞋的底部戳4~5个排水孔，家长和孩子在旧鞋里填上土壤。
- 将从花卉市场采购的绿植移栽到旧鞋里。在移栽时，要轻轻地把绿植的根系分开一点，以促进绿植的生长。
- 把绿植的根系周围的土壤压紧，再在上面洒上水，摆在阳台上。

🎈 主要目标

了解植物生长的条件，锻炼孩子的动手能力。

🎨 活动准备

尼龙袜，草籽，大水杯，小水杯，橡皮泥。

🍊 游戏玩法

- 把尼龙袜套在一个小水杯上，在里面放一些草籽和土壤。
- 把尼龙袜从杯中取出来，扎紧，做成一个草头娃娃的脑袋。
- 用橡皮泥捏出五官，并固定在草头娃娃的脑袋上。
- 把草头娃娃放在一个装有水的大水杯里，脑袋向上，浸在水里，让它自然吸水。
- 把草头娃娃放在阳光充足的地方，约一周便会长出"头发"来。

自然手工游戏

自然之物，随处可见，如树叶、树枝、石头、松果，等等。这些朴素的材料其实是大自然恩赐给孩子们的玩具。如果利用自然之物进行手工创作，那更是别有一番意韵。

主要目标

培养孩子利用自然物进行手工创作的能力，激发孩子保护小动物、爱护大自然的情感。

活动准备

树枝，细麻绳，干草，羽毛等。

游戏玩法

- 将柔韧的树枝交叉成星形，用细麻绳将交叉点绑住，做成鸟巢的框架。
- 再用细树枝在框架上进行编织，编成一个鸟巢。
- 用干草把鸟巢的缝隙填满，在里面铺上羽毛等柔软的材料。
- 家长和孩子一起把鸟巢放到户外的树上，供小鸟栖息。

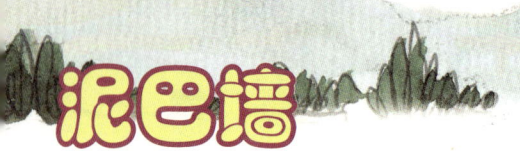

泥巴墙

🎈 主要目标

培养孩子利用自然物进行手工创作的能力，开拓孩子思维，尝试不同制作方式。

🎲 活动准备

树枝，柳条，泥土，废纸，锤子，锯。

🏮 游戏玩法

- 家长用锯把树枝锯成一样的长度，并削尖。（注意不要伤到孩子）
- 用锤子把树枝敲进土里，使其固定在地面上。
- 用柳条绕着树枝一圈一圈地编织，编成一个栅栏。
- 将水和泥土充分搅拌，直到有一定的黏性，再把搅拌好的黏土糊到栅栏上，做成一堵泥巴墙。
- 家长和孩子尝试制作不同的泥巴，比如，加入废纸，加入谷壳，选择不同的泥土，等等。看看用哪种方式制作的泥巴更有黏性。

主要目标

学会制作风铃,培养孩子的动手能力。

活动准备

小木棒,丙烯颜料,画笔,细线,小锯。

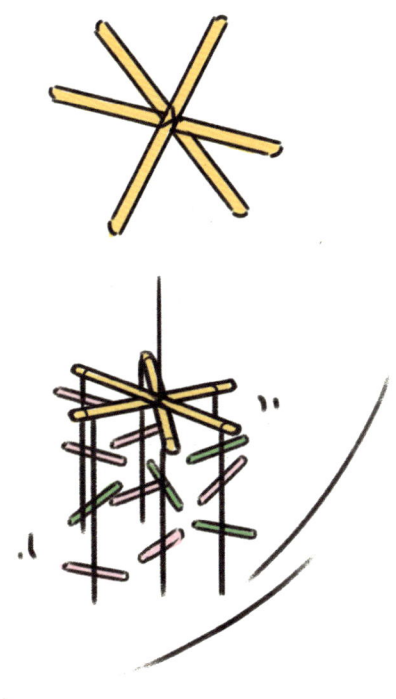

游戏玩法

- 从户外寻找几根粗细不一的小木棒,锯成不同的长度。其中有3根小木棒长度10厘米左右,其他小木棒要短一些,共20根左右。
- 用丙烯颜料将小木棒刷成各种颜色。
- 将三根10厘米左右的小木棒绑成一个"米"字形的支撑架子,将其他上色后短的小木棒用细线穿起来,挂在支撑架上,做成一个树枝风铃。
- 将树枝风铃挂在家里迎风的地方。

泥巴馅饼

🟠 主要目标

满足孩子抓、捏的欲望,激发孩子更多的创意。

🎲 活动准备

泥巴,托盘。

🟠 游戏玩法

- 到户外采集一些无石子的泥巴,一些花朵、叶子等。
- 将泥巴倒进托盘中,加入水,用手不断地抓、捏,使泥巴更有黏性。
- 在泥巴中加入花朵和叶子,继续搅拌。
- 将搅拌好的泥巴做成蛋糕的形状,并用花朵与叶子装饰。

秋天皇冠

🎈 主要目标

培养孩子利用自然物进行手工创作的能力,锻炼孩子的创意思维。

📦 活动准备

卡纸,双面胶,订书机。

🍎 游戏玩法

- 选择一个秋天的假日,去采集各种叶子、果实。
- 用卡纸做一个适合头部大小的圆环,可以用订书机将卡纸两端固定,然后在圆环的外侧贴上双面胶。
- 将从户外采集回来的叶子和果实贴到双面胶上,做一个美丽的皇冠。

冬夜雪灯

🟠 主要目标

> 培养孩子利用自然物进行手工创作的能力，锻炼孩子的创意思维。

🔷 活动准备

> 蜡烛，雪。

🟠 游戏玩法

- 选择一个冬天的雪夜，家长和孩子一起到户外去玩耍。
- 先用雪做成一个个雪球，再把这些雪球垒成一座雪塔。
- 家长和孩子把蜡烛点燃后放进雪塔里，让烛光从雪塔里透出来，照亮冬天的雪夜。

#

🎈 **主要目标**

培养孩子利用自然物进行手工创作的能力，锻炼孩子的创意思维。

🧊 **活动准备**

快餐盒，铲子。

🍊 **游戏玩法**

- 在快餐盒里装满雪，用力压紧，然后把快餐盒倒过来，把挤压成形的雪砖倒出来。依此方法制作一批雪砖。
- 用制作好的雪砖搭建一座雪屋。
- 用雪把雪屋的缝隙填满，再在外面喷上一些水，让雪屋更加坚固。

植物标本

主要目标

培养孩子利用自然物进行手工创作的能力,锻炼孩子的自然观察能力。

活动准备

吸水纸,剪贴本,双面胶,笔。

游戏玩法

- 到户外采集一批花草,可以将其连根拔起,然后清洗干净。
- 将花草平整地铺在吸水纸上,找一本厚书夹起来,放置一周左右。
- 将脱水后的花草用双面胶贴在剪贴本上,一份植物标本就做好了,记得写上植物的名称、采集的时间与地点。

泥土昆虫

🎈 主要目标

培养孩子的自然观察能力，锻炼孩子的动手能力。

🎒 活动准备

小盘子，剪刀。

🍊 游戏玩法

- 在小盘子内用土和水和一些泥。采集一些自然物，如树叶、小坚果等。
- 讨论昆虫的特征，也可捉几只昆虫来观察。
- 尝试用泥和捡来的自然物制作昆虫，可用树叶充当翅膀，坚果充当眼睛。
- 把制作好的泥土昆虫放到树枝上或石头上。

花瓣项链

🍊 主要目标

利用自然物开展创意活动，培养孩子亲近自然、欣赏自然的情感。

🎲 活动准备

针，线，剪刀。

🍊 游戏玩法

- 去户外采集各种各样的花瓣，色彩越丰富越好。
- 用剪刀将采集来的花瓣剪成大小相似、形状各异的碎片。（家长看护孩子使用剪刀）
- 将加工好的花瓣用针和线按顺序串起来，制作一串花瓣项链。

橡子陀螺

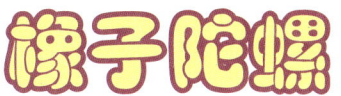

主要目标

学会利用自然物制作玩具，享受自然游戏的快乐。

活动准备

橡子，牙签，彩泥。

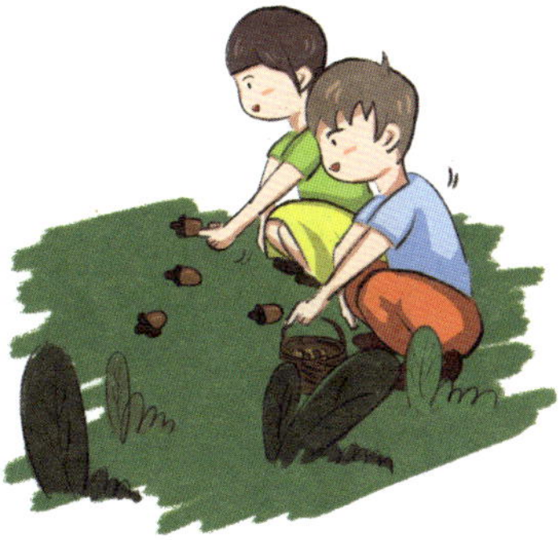

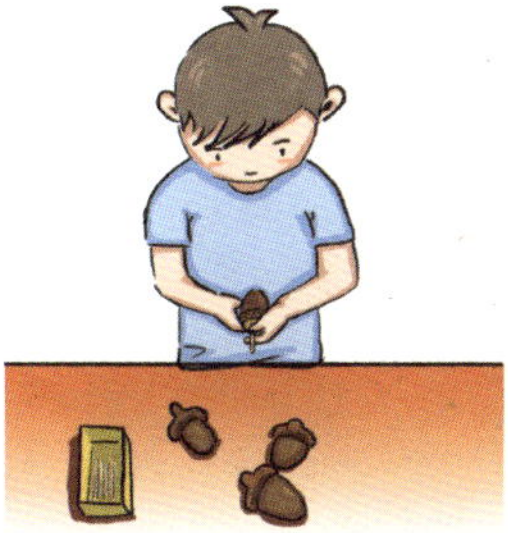

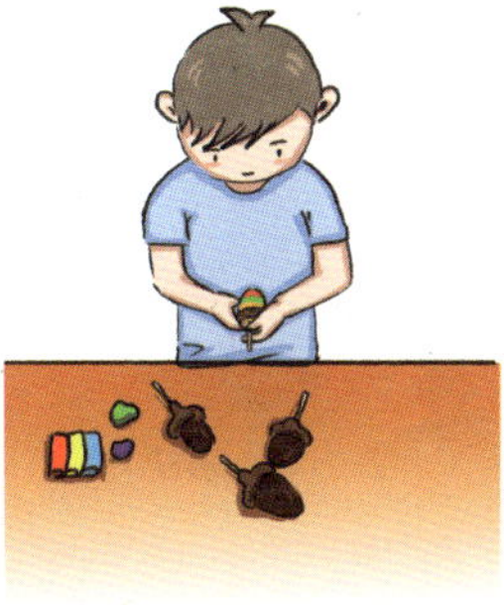

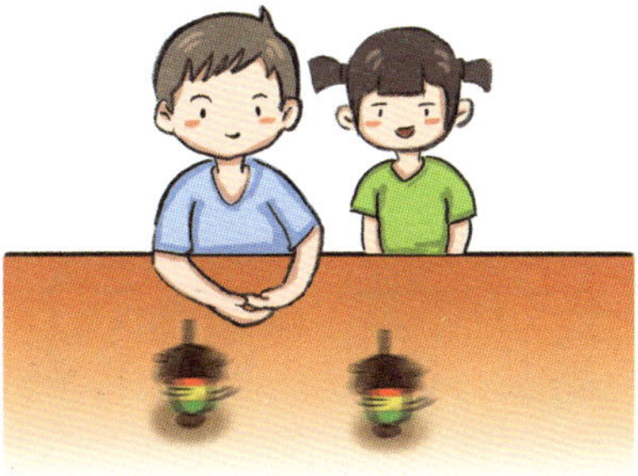

游戏玩法

- 去户外采集一些橡子。（没有橡子的地区，可尝试用其他物品）
- 将牙签插在橡子的顶端，外露1厘米左右。在橡子壳外面裹上一些彩泥，两三种颜色即可。
- 用手旋转橡子，你会发现色彩非常漂亮。

花草印模

🎈 主要目标

培养孩子的自然观察能力，锻炼孩子的动手能力。

🧊 活动准备

黏土，直尺，小刀。

🏮 游戏玩法

- 从户外采集一批自己喜欢的花草树叶，要求纹理清晰，形状独特。
- 将黏土和成泥，均匀地擀成薄片，用直尺和小刀将薄片切成10厘米左右的方块。
- 将采集来的花草树叶按在新鲜的黏土里，留下印记后再轻轻地揭下来。
- 把印模晾干，就可以永久保存了。（孩子在家长的看护下使用小刀）

脚踏石

🎈 主要目标

满足孩子亲近自然的需求,培养孩子的动手兴趣。

🎲 活动准备

水泥,沙子,石头,外卖盒(圆形),口罩,手套。

🍊 游戏玩法

- 家长戴好手套,将水泥、沙子按1:3的比例加水充分搅拌,调成混凝土。
- 在外卖盒底部铺一层挑选好的鹅卵石,再倒入混凝土,并用力压实。
- 待混凝土干燥后揭去外卖盒,一块圆形的脚踏石就做好了。(整个活动孩子适当参与,注意安全)

自然艺术游戏

艺术源于自然,自然造就艺术。自然的艺术不仅藏在大自然独特的风景里,也藏在每一种天然的材料里。

树皮拓印

主要目标

培养孩子的自然观察能力,感知自然之美,提高审美能力。

活动准备

蜡笔,白纸,胶带。

游戏玩法

- 家长和孩子在户外寻找一些树皮有特色的树,比如,裂缝深或裂纹有趣。
- 把纸贴在树皮上面,用胶带固定,用蜡笔的一端不停地在纸上面擦拭。要均匀用力,保持蜡笔端面平整。
- 把树皮的纹路拓印下来后,可以剪成不同的形状,并塑封起来。

插野花

🟠 主要目标

提高孩子的审美能力,学会欣赏自然之美,创造自然之美。

🎲 活动准备

花瓶,剪刀,水桶。

🟠 游戏玩法

- 在清晨,家长和孩子一起去户外采摘一些野花,为防止花枯萎,将花放在有水的水桶里带回家。
- 选择 5~7 种花,把花的茎秆修剪到合适的长度,摘掉最下面的叶子,再放到一个花瓶中。
- 在水中加入一小勺糖,保证花朵的能量供应,两三天换一次水。

🍊 主要目标

提高孩子的审美能力，学会欣赏自然之美，创造自然之美。

🔷 活动准备

宽胶带，剪刀。

🏮 游戏玩法

- 家长和孩子一同去户外，寻找自己喜欢的树叶、花朵等。
- 将胶带缠在手腕上，做成一个手环。（注意将有黏性的一面朝向外侧）
- 将从户外采集的树叶、花朵按一定顺序贴在胶带上，装饰成一个自然手镯。尽量将胶带都贴满，这样一方面更加美观，另一方面也能避免其他杂物贴在胶带上。

调制水彩

🎈 **主要目标**

学习从各种植物中提取颜色并作画,训练孩子的创造能力与探索精神。

🎲 **活动准备**

小碗若干,小勺子,水彩笔,水彩纸。

🍊 **游戏玩法**

- 从户外收集各种颜色的花卉,比如,红色的凤仙花、橙色的金莲花、黄色的金盏花、蓝色的矢车菊、紫色的紫罗兰等。
- 分别把各种颜色的花朵放入小碗中,用小勺子捣碎,然后加入一滴水,调制成自然水彩颜料。
- 用调制好的颜料在水彩纸上作画。

石头故事

主要目标

练习在石头上绘画，锻炼孩子的创意能力和想象力。

活动准备

丙烯颜料，画笔。

妈妈带我去买新衣服……

游戏玩法

- 家长和孩子到户外去捡一些形状各异的石头回来，并用丙烯颜料在石头上画上各种图案，比如，动物、植物、人物、工具、服装，等等。
- 家长和孩子围在一起，将画好的石头摆在中间，首先由孩子任意取三块石头出来，用它们讲述一个故事。
- 然后下一个人闭着眼睛再从石头中任取一块，接着讲故事，并把它包含在之前的故事里再讲一个，以此类推。

树叶拼贴

🎈 主要目标

激发孩子的创意能力，培养孩子的想象力。

🎁 活动准备

胶水，剪刀，图画纸，彩笔。

🎈 游戏玩法

- 和孩子一起去户外收集不同颜色和不同形状的叶子。
- 用剪刀将叶子剪成各种形状，用胶水粘贴在图画纸上。（孩子在家长的看护下使用剪刀）
- 用笔勾勒出必要的线条、涂上颜色，一幅极富创意的作品就做好了。
- 除了用树叶，也可以采用其他的自然材料。

🎈 主要目标

练习用种子做粘贴画，锻炼孩子的注意力。

🧊 活动准备

卡纸，铅笔，工艺胶，各种种子。

🍅 游戏玩法

- 准备4~5种植物的种子，最好色彩不一。
- 为朋友设计一张生日贺卡，首先将一张A4大的卡纸对折一下，然后用铅笔在卡纸上设计出自己喜欢的图案。
- 按照图案或图形涂上工艺胶，接着撒上种子，把工艺胶完全覆盖住。
- 自然风干后，把多余的种子抖落下来，一张种子贺卡就做好了。

冰冻挂饰

🎈 主要目标

利用自然物开展创意活动，培养孩子亲近自然、欣赏自然的情感。

🧊 活动准备

小快餐盒，麻绳。

🍊 游戏玩法

- 准备几个小快餐盒，分别放一些孩子喜欢的植物。
- 用麻绳系住这些植物，并串在一起连成一个环形。
- 在盒子里注满水，放进冰箱里冷冻起来。
- 待冷冻好后，把盒子拆去，一串冰冻挂饰就做好了。

泥土绘画

● **主要目标**

培养孩子亲近自然的情感,激发孩子的创意能力。

● **活动准备**

纸板,小筛子,小铲子。

● **游戏玩法**

- 用小铲子挖一些干燥的泥土,捡干净其中的石子和树叶。
- 将纸板铺在地上,用小筛子把泥土均匀地筛在纸板上。
- 用手指或树枝在筛满泥土的纸板上绘画。

搭一棵树

🎈 **主要目标**

培养孩子亲近自然的情感,激发孩子的创意能力。

🎲 **活动准备**

绳子。

🍊 **游戏玩法**

- 让孩子仔细观察一棵树的外形。
- 和孩子一起去采集一批大小不一的树枝。
- 将采集来的树枝搭建成一棵树的形状,要求有树根、树干、树枝,可用绳子进行捆绑。
- 将搭好的树立在地上,再寻找一些树叶挂在上面,这样效果会更好。

园艺礼袋

主要目标

学会运用自然物进行艺术创作,激发孩子的创意能力。

活动准备

牛皮纸袋,植物标本夹,工艺胶。

游戏玩法

- 去户外采集一批新鲜的树叶,放在标本夹里压平、晾干。
- 根据自己的喜好,将叶子在牛皮纸袋上摆放好。
- 用胶水小心地把叶子粘在牛皮纸袋上。
- 完成所有的粘贴后,一个特别的园艺礼袋就做好了。

泥巴面具

🎈 **主要目标**

> 培养孩子亲近自然的情感，激发孩子的创意能力。

🎲 **活动准备**

> 小铲子，盛水的容器。

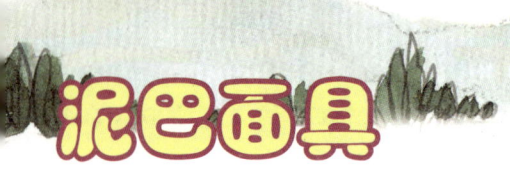

🍊 **游戏玩法**

- 用泥巴做一个大圆球。
- 选择一块大石头或一棵树，将泥球在上面粘牢，并捏出一个面具的样式。
- 将采集来的野果、树枝、树叶粘在面具上，做成眼睛、鼻子、嘴巴和头发等，一个泥巴面具就完成了。

仿生小虫

🎈 **主要目标**

培养孩子亲近自然的情感，激发孩子的创意能力。

🎲 **活动准备**

铅笔，画笔，丙烯颜料，透明水性聚氨酯。

🍊 **游戏玩法**

- 采集一批表面光滑的小石子，洗净并晾干。
- 先用铅笔在石子上画出各种昆虫的轮廓，然后用丙烯颜料进行涂色。
- 颜色自然风干后，在图案上涂一层透明水性聚氨酯，这些用石子做成的仿生昆虫就可以长时间保存了。

· 真正的养育在家庭 ·

"真正的养育在家庭"系列图书主要以家庭为应用场景,以亲子游戏为内容,从操作层面为家长提供了一系列游戏式养育的方法,以此帮助家长培育孩子的体能、智力和社会性能力。

《真正的养育在家庭 蒙氏游戏》通过感觉、运动、语言、数学、探索等蒙氏游戏,发展孩子的认知能力,培养其主动学习的兴趣,以及独立、自信、坚持的良好品质。

《真正的养育在家庭 体能游戏》通过基于60种基本动作练习的体能运动,来发展孩子的身体素质,促进其意志品质的提升。

《真正的养育在家庭 感统游戏》为促进孩子视、听、嗅、味、触及平衡感的统合发展,创设了一系列在家庭中就可以有效实施的游戏方案。

《真正的养育在家庭 科学游戏》通过丰富的科学游戏,激发孩子对科学探索的兴趣,培养孩子勇敢尝试、积极探索的学习品质。

《真正的养育在家庭 自然游戏》创造孩子与自然接触的机会,支持孩子在自然中开展感知、探究、种植、手工与艺术游戏,尊重孩子亲近自然的天性,帮助孩子建立与自然的纽带。